Eva Hohmann

# Das Allgemeine Gleichbehandlungsgesetz (AGG).
# Handlungsanweisungen für die Praxis

GRIN Verlag

**Bibliografische Information der Deutschen Nationalbibliothek:**

Die Deutsche Bibliothek verzeichnet diese Publikation in der Deutschen National-
bibliografie; detaillierte bibliografische Daten sind im Internet über http://dnb.d-
nb.de/ abrufbar.

**Impressum:**

Copyright © 2007 GRIN Verlag GmbH
Druck und Bindung: Books on Demand GmbH, Norderstedt Germany
ISBN: 978-3-638-91564-9

**Dieses Buch bei GRIN:**

http://www.grin.com/de/e-book/74513/das-allgemeine-gleichbehandlungsgesetz-
agg-handlungsanweisungen-fuer

## GRIN - Your knowledge has value

Der GRIN Verlag publiziert seit 1998 wissenschaftliche Arbeiten von Studenten, Hochschullehrern und anderen Akademikern als eBook und gedrucktes Buch. Die Verlagswebsite www.grin.com ist die ideale Plattform zur Veröffentlichung von Hausarbeiten, Abschlussarbeiten, wissenschaftlichen Aufsätzen, Dissertationen und Fachbüchern.

## Besuchen Sie uns im Internet:

http://www.grin.com/

http://www.facebook.com/grincom

http://www.twitter.com/grin_com

# Das Allgemeine Gleichbehandlungsgesetz und Handlungsempfehlungen für die Praxis

Eva Hohmann
FH Nürtingen
SS 2007

# Inhaltsverzeichnis

# 1 Einleitung und Überblick

Deutschland ist mit dem Allgemeinen Gleichbehandlungsgesetz (AGG) der Verpflichtung nachgekommen, vier von der EU verfasste Richtlinien zum Schutz vor unzulässiger Benachteiligung, in geltendes Recht umzusetzen. Durch das AGG sollen Benachteiligungen aufgrund der Diskriminierungsmerkmale Rasse, ethnischer Herkunft, Geschlecht, Religion oder Weltanschauung, Behinderung, Alter oder sexuelle Identität verhindert oder beseitigt werden.

Das Gesetz ist in vier Artikel gegliedert, wobei der Artikel 1 das eigentliche Gesetz zum Schutz vor Benachteiligung, also das Allgemeine Gleichbehandlungsgesetz AGG enthält. Artikel 2 enthält das Gesetz über die Gleichbehandlung der Soldatinnen und Soldaten, das „SoldGG". In Artikel 3 befinden sich verschiedene Änderungen in anderen Gesetzen und Artikel 4 beinhaltet die Vorschriften über das Inkrafttreten des Gesetzes.

Das AGG selbst ist in sieben Abschnitte untergliedert. Abschnitt 1 stellt den allgemeinen Teil des AGG dar, Abschnitt 2 befasst sich mit dem Schutz der Beschäftigten vor Benachteiligung und Abschnitt 3 beinhaltet den Schutz vor Benachteiligung im Zivilverkehr. In Abschnitt 4 findet man Vorschriften zum Rechtsschutz, in Abschnitt 5 Sonderregelungen für öffentlich-rechtliche Dienstverhältnisse. Abschnitt 6 ordnet die Errichtung einer Antidiskriminierungsstelle an und Abschnitt 7 enthält die Schlussvorschriften.[1]

Diese Arbeit beschäftigt sich mit den für das Arbeitsrecht wohl relevantesten Abschnitten 1 und 2, Ausführungen darüber hinaus würden den Rahmen dieser Arbeit sprengen. In Kapitel 2 wird auf die Entstehung des AGG eingegangen. In Kapitel 3 wird der Inhalt des Gesetzes dargestellt und Kapitel 4 bietet Hilfestellung, wie das neue Gesetz in der Praxis umgesetzt werden kann. Diese Handlungsempfehlungen können auf keinen Fall als komplett interpretiert werden, da hier die Rechtsprechung der kommenden Jahre sicher weitere Handlungsoptionen aufzeigen wird und in dieser Arbeit nur auf die wichtigsten Punkte eingegangen wird. Kapitel 5 enthält ein Fazit über die von mir verfasste Ausarbeitung.

---

[1] Vgl. Bauer/Göpfert/Krieger: Allgemeines Gleichbehandlungsgesetz, 1. Aufl., München 2007, S. 28

## 2 Entstehung des AGG

Die EU hat zum Schutze vor Diskriminierung vier Richtlinien[2] erlassen, die von den Regierungen der Mitgliedstaaten innerstaatlich umgesetzt werden müssen. Diese Richtlinien verpflichten dazu, im Bereich Beschäftigung und Beruf Benachteiligungen und Ungleichbehandlungen wegen Rasse, ethnischer Herkunft, Religion und Weltanschauung, Behinderung, Alters, sexueller Identität und Geschlecht zu verhindern.

Im Jahre 2005 wurde unter der Rot-Grünen Regierung der Entwurf eines Antidiskriminierungsgesetzes (ADG) vorgelegt und einige Änderungen im Laufe des Gesetzgebungsverfahrens im Bundestag wurden durchgesetzt. Durch die Regierungsänderung musste das Gesetz in der neuen Legislaturperiode von neuem aufgenommen werden und wurde „Allgemeines Gleichbehandlungsgesetz" kurz AGG getauft. Das AGG entspricht allerdings mit wenigen Ausnahmen dem Entwurf des ADG von 2005. Ursprünglich sollte das Gesetz am 01.08.2006 in Kraft treten, aber da es zu Verzögerungen im Rahmen der Unterzeichung durch den Bundespräsidenten kam, ist es letztendlich am 18.08.2006 in Kraft getreten. Das AGG löst das Beschäftigungsschutzgesetz vom 24.06.1994 ab.

Seit dem in Kraft treten im August 2006 gab es bereits die ersten Änderungen am Gesetz. So wurde zum Beispiel in § 10 AGG, der besagt in welchen Fällen eine Benachteiligung aufgrund des Alters erlaubt ist, Nummer 6 und 7 ersatzlos gestrichen. Hier ging es um die Sozialauswahl bei der betriebsbedingten Kündigung und um Sonderkündigungsrechte. Aus Sicht des Gesetzgebers ist die Streichung dieser Nummern insofern konsequent, da das AGG gemäß § 2 Abs. 4 AGG auf Kündigungen keine Anwendungen finden soll.

---

[2] Richtlinie 2000/43/EG des Rates vom 29. Juni 2000 zur Anwendung des Gleichbehandlungsgrundsatzes ohne Unterschied der Rasse oder ethnischen Herkunft

Richtlinie 2000/78/EG des Rates vom 27. November 2000 zur Festlegung eines allgemeinen Rahmens für die Verwirklichung der Gleichbehandlung in Beschäftigung und Beruf

Richtlinie 2002/73/EG des Europäischen Parlaments und des Rates vom 23. September 2002 zur Änderung der Richtlinie 76/207/EWG des Rates zur Verwirklichung des Grundsatzes der Gleichbehandlung von Männern und Frauen hinsichtlich des Zugangs zur Beschäftigung, zur Berufsbildung und zum beruflichen Aufstieg sowie in Bezug auf die Arbeitsbedingungen

Richtlinie 2004/113/EG des Rates vom 13. Dezember 2004 zur Verwirklichung des Grundsatzes der Gleichbehandlung von Männern und Frauen beim Zugang zu und bei der Versorgung mit Gütern und Dienstleistungen

# 3 Regelungszweck und Inhalt des AGG

## 3.1 Ziele des AGG

§ 1 AGG beschreibt die Zielsetzung folgendermaßen:

„Ziel des Gesetzes ist, Benachteiligungen aus Gründen der Rasse oder wegen der ethnischen Herkunft, des Geschlechts, der Religion, oder Weltanschauung, einer Behinderung, des Alters oder der sexuellen Identität zu verhindern oder zu beseitigen."[3]

Das Ziel des Gesetzes ist somit, dass Benachteiligungen aus den acht genannten Diskriminierungsmerkmalen verhindert bzw. beseitigt werden sollen. Es verbietet jegliche Benachteiligung, Belästigung oder sexuelle Belästigung im Unternehmen und nimmt neben Führungskräften auch jeden Beschäftigten in die Pflicht.

## 3.2 Diskriminierungsmerkmale

Das AGG bezieht sich auf acht Diskriminierungsmerkmale, die im Gesetz nicht genau definiert sind. In der Literatur findet man bereits Erklärungen zu den einzelnen Merkmalen, aber wie diese endgültig von den Gerichten ausgelegt werden, wird sich erst im Laufe der nächsten Jahre zeigen.

Nachfolgend eine kurze Erläuterung der acht Diskriminierungsmerkmale:

### 3.2.1 Rasse

Eine genaue Definition des Merkmals „Rasse" ist nicht möglich, da es keine „Menschenrassen" gibt. In Gesetz findet man ganz bewusst die Formulierung „aus Gründen der Rasse" und nicht „wegen der Rasse" um zu verdeutlichen, dass nicht das Gesetz das Vorhandensein verschiedener menschlicher Rassen voraussetzt, sondern dass sich derjenige, der die Existenz verschiedener Rassen annimmt und danach urteilt, rassistisch verhält.[4] Letztendlich soll in diesem Merkmal jede fremdenfeindliche oder rassistische Benachteiligung erfasst werden. Eine solche richtet sich in der Regel gegen Menschen, die als fremd wahrgenommen werden, sei es wegen ihrer Hautfarbe oder anderen vererblichen äußerlichen Merkmalen.

---

[3] § 1 AGG
[4] Vgl. Juris, Praxis Report: Sonderausgabe zum Allgemeinen Gleichstellungsgesetz, 2006, S. 5

### 3.2.2 Ethnische Herkunft

Dieses Merkmal umfasst Benachteiligungen aufgrund der Herkunft, Abstammung, des nationalen Ursprung und auch des Volkstum. Unter Volkstum fallen zum Beispiel die Friesen, Sorben, die Sinti und Roma in Deutschland. Diese sind deutsche Staatsbürger, gehören aber einer speziellen Volksgruppe mit einer eigenen kulturellen Identität an.[5] Nicht unter das Merkmal „ethnische Herkunft" fallen Ungleichbehandlungen aufgrund der Staatsbürgerschaft, wenn zum Beispiel ein Bewerber aus einem Drittstaat eine Arbeitserlaubnis benötigt, so ist eine Ablehnung grundsätzlich zulässig.

### 3.2.3 Geschlecht

Das Merkmal „Geschlecht" verbietet die Ungleichbehandlung aufgrund der Zugehörigkeit zu dem einen oder anderen Geschlecht. Nicht nur das weibliche und männliche Geschlecht wird hier erfasst, sondern auch Hermaphroditen und Transsexuelle.[6]

### 3.2.4 Religion

Unter dem Begriff „Religion" versteht man den gemeinsamen und persönlichen Glauben an Gott. Erfasst werden hier die anerkannten Religions- und Glaubensgemeinschaften wie das Christentum, den Islam, das Judentum etc.

### 3.2.5 Weltanschauung

Das Merkmal „Weltanschauung" ist nicht einheitlich definiert und wird in den EU-Ländern unterschiedlich ausgelegt.[7] Der Begriff steht dem der Religion sehr nahe und ist oft schwer abgrenzbar. Grundsätzlich gibt die Weltanschauung einen Begriff davon, wie die Welt funktioniert und strukturiert ist.

### 3.2.6 Behinderung

Laut § 2 Abs. 1 Satz 1SGB IX und § 3 BGG liegt eine Behinderung liegt vor, wenn eine körperliche Funktion, die geistige Fähigkeit oder seelische Gesundheit von dem für das Lebensalter typischen Zustand abweicht, und diese Abweichung wahrscheinlich länger als 6 Monate anhält und die Teilnahme am Leben in der Gesellschaft dadurch

---

[5] Vgl. Wisskirchen, G: AGG Allgemeines Gleichbehandlungsgesetz, 2. Aufl., Frechen 2006, S.10
[6] Vgl. Wisskirchen, G: AGG Allgemeines Gleichbehandlungsgesetz, 2. Aufl., Frechen 2006, S.12
[7] Vgl. Juris, Praxis Report: Sonderausgabe zum Allgemeinen Gleichstellungsgesetz, 2006, S. 5

erschwert. Hierunter falle also nicht nur Menschen mit einer Schwerbehinderung, sondern alle die unter die oben genannte Erläuterung fallen.[8]

### 3.2.7 Alter

Dieses Merkmal bezieht sich auf das Lebensalter. Geschütz sind hierdurch nicht nur ältere Menschen sonder auch Jüngere.

### 3.2.8 Sexuelle Identität

Das Merkmal schützt Heterosexuelle, Homosexuelle, Bisexuelle, Transsexuelle und zwischengeschlechtliche Menschen.

## 3.3 Schutzbedürftige im Sinne des AGG

§ 7 AGG besagt, dass Beschäftigte nicht wegen eines in §1 genannten Grundes benachteiligt werden dürfen. Unter den Begriff „Beschäftigte" fallen laut § 6 AGG folgende Personengruppen:

- Arbeitnehmerinnen und Arbeitnehmer
- die zu ihrer Berufsbildung Beschäftigten
- arbeitnehmerähnliche Personen
- die in Heimarbeit Beschäftigten und ihnen Gleichgestellten
- Bewerberinnen und Bewerber
- ehemalige Beschäftigte
- Leiharbeitnehmerinnen und Leiharbeitnehmer

## 3.4 Arten der Benachteiligungen

Was unter Benachteiligung zu verstehen ist, regelt das Gesetz in § 3 AGG. Man unterscheidet folgende Arten:

### 3.4.1 Unmittelbare Benachteiligung

Eine unmittelbare Benachteiligung liegt vor, wenn eine Person wegen eines der acht Diskriminierungsmerkmale eine weniger günstige Behandlung, als eine andere Person in einer vergleichbaren Situation erfährt, erfahren hat oder erfahren würde.

---

[8] Vgl. Bauer/Göpfert/Krieger: Allgemeines Gleichbehandlungsgesetz, 1. Aufl., München 2007, S. 55

Beispiel: Ein 50-jähriger Mann bewirbt sich auf eine Stellenanzeige und bekommt eine Absage mit der Begründung, dass für das bestehende Team nur 20- bis 35-jährige Bewerber in Betracht kommen.

### 3.4.2 Mittelbare Benachteiligung

Eine mittelbare Benachteiligung liegt nach § 3 Abs. 2 AGG vor, wenn dem Anschein nach neutrale Vorschriften, Kriterien oder Verfahren Personen wegen eines Diskriminierungsmerkmals gegenüber anderen Personen in besonderer Weise benachteiligen. Eine mittelbare Benachteiligung liegt nicht vor, wenn ein sachlicher Grund die Ungleichbehandlung rechtfertigt und die eingesetzten Mittel erforderlich und angemessen sind.

Beispiel: Die Benachteiligung von Teilzeitbeschäftigen ist eine mittelbare Benachteilung aufgrund des Geschlechts, weil es sich bei Teilzeitbeschäftigen überwiegend um Frauen handelt.

### 3.4.3 Belästigung

Nach § 3 Abs. 3 AGG liegt eine Belästigung vor, wenn unerwünschte Verhaltensweisen, die mit einem Diskriminierungsmerkmal in Zusammenhang stehen, bezwecken oder bewirken, dass die Würde der betreffenden Person verletzt und eine von Einschüchterungen, Anfeindungen, Erniedrigungen, Entwürdigungen oder Beleidigungen gekennzeichnetes Umfeld geschaffen wird. Anders als bei der unmittelbaren und mittelbaren Benachteiligung bedarf es hier zur Feststellung keine Vergleichsgruppe oder Vergleichsperson, die anders behandelt wurde/wird.

### 3.4.4 Sexuelle Belästigung

Eine sexuelle Belästigung nach § 3 Abs. 4 AGG liegt , bei jedem unerwünschten, sexuell bestimmten Verhaltens vor, das bezweckt oder bewirkt, dass die Würde der betreffenden Person verletzt wird. Hierzu gehören laut Gesetz unerwünschte sexuelle Handlungen und Aufforderungen zu diesen, sexuell bestimmte körperliche Berührungen, Bemerkungen sexuellen Inhalts sowie unerwünschtes Zeigen und sichtbares Anbringen von pornographischen Darstellungen.

Bisher war der Schutz vor sexueller Belästigung im Beschäftigtenschutzgesetz geregelt, welches durch das AGG abgelöst wurde.

### 3.4.5 Benachteiligung durch Anweisung

§ 3 Abs. 5 AGG legt fest, dass die Anweisung zu einer Benachteiligung einer Person eine Benachteiligung darstellt. Insbesondere liegt eine Benachteiligung dann vor, wenn jemand eine Person zu einem Verhalten bestimmt, das einen Beschäftigten oder eine Beschäftigte wegen eines in § 1 AGG genannten Grundes benachteiligt. Die Anweisung zur Benachteiligung muss vorsätzlich erfolgen, der Anweisende muss also wissen und wollen, dass der Angewiesene die Handlung ausführt. Es kommt aber nicht darauf an, ob die Anweisung tatsächlich ausgeführt wird.[9]

### 3.5 Zulässige Benachteiligungen

Liegt eine Benachteiligung aus einem der acht Diskriminierungsgründen aus § 1 AGG vor, kann dies im Einzelfall durchaus gerechtfertigt sein. Das AGG sieht eine Reihe von Rechtfertigungsgründen für Benachteiligungen vor, die im Folgenden erläutert werden.

### 3.5.1 Zulässige Benachteiligung wegen beruflicher Anforderungen

§ 8 Abs. 1 AGG besagt, dass eine unterschiedliche Behandlung eines in § 1 AGG genannten Grundes zulässig ist, wenn dieser Grund wegen der Art der auszuübenden Tätigkeit oder der Bedingungen ihrer Ausübung eine wesentliche und entscheidende berufliche Anforderung darstellt, sofern der Zweck rechtmäßig und die Anforderung angemessen ist. Die Angemessenheit muss immer im Einzelfall geprüft werden und eventuell vom Arbeitgeber vor dem Arbeitsgericht gerechtfertigt werden können.

Eine zulässige Benachteiligung aufgrund des Geschlechts ist zum Beispiel gegeben, wenn ein Model für Damenbekleidung gesucht wird und hier das Geschlecht eine wesentliche und entscheidende berufliche Anforderung darstellt.[10] Oder wenn für eine Fernsehserie ein männlicher Darsteller gesucht wird. In beiden Fällen kann einem Arbeitgeber nicht zugemutet werden, dass er das andere Geschlecht aus Gründen der Diskriminierungsmerkmale für die Tätigkeit in Betracht zieht.

In § 8 Abs. 2 AGG wird der Grundsatz der Entgeltgleichheit geregelt. Bisher war dieser Grundsatz in § 612 Abs. 3 BGB in bezug auf die Gleichbehandlung zwischen Männern

---

[9] Vgl. Wisskirchen, G: AGG Allgemeines Gleichbehandlungsgesetz, 2. Aufl., Frechen 2006, S.13 - 14
[10] Vgl. Schütt/Wolf : Das neue Allgemeine Gleichbehandlungsgesetz, 1. Aufl., Berlin 2006, S. 39

und Frauen geregelt. Dieser Grundsatz wir nun durch das AGG auf alle in § 1 AGG genannten Diskriminierungsmerkmalen erweitert.[11]

### 3.5.2 Zulässige Benachteiligung wegen Religion und Weltanschauung

Grundsätzlich darf niemand aufgrund seiner Religion oder Weltanschauung benachteiligt werden. § 9 Abs. 1 AGG lässt allerdings eine unterschiedliche Behandlung wegen der Religion oder Weltanschauung dann zu, wenn eine bestimmte Religion oder Weltanschauung unter Beachtung des Selbstverständnisses der jeweiligen Religionsgemeinschaft oder Vereinigung im Hinblick auf ihr Selbstbestimmungsrecht oder nach Art der Tätigkeit eine gerechtfertigte berufliche Anforderung darstellt.[12]

Hiermit wird das generelle Verbot der Ungleichbehandlung aufgrund der Religion durchbrochen, allerdings nur für Religionsgemeinschaften und Weltanschauungsvereinigungen. Diese Regelung wird auch oft als „Kirchenklausel" bezeichnet, wobei zu beachten ist, dass sich § 9 AGG nicht nur auf Kirchen, sondern auf Religionsgemeinschaften und deren Einrichtungen insgesamt bezieht. Darunter können zum Beispiel fallen: Kirchliche und weltanschauliche Krankenhäuser, Kindergärten und Altenpflegeheime sowie alle Personen, die sich unmittelbar der Pflege der Religion oder Weltanschauung widmen (zum Beispiel Priester, Diakone, Ordensleute, Pflegepersonal, Lehrer, Erzieher). Allerdings muss auch hier die Zugehörigkeit zu einer Religion oder Weltanschauung immer eine wesentliche Vorraussetzung für die Tätigkeit sein. Es ist zum Beispiel nicht gerechtfertigt, wenn ein kirchliches Krankenhaus für sein Reinigungspersonal eine bestimmte Religion voraussetzt.[13]

### 3.5.3 Zulässige Benachteiligung wegen des Alters

§ 10 AGG nennen die Rechtfertigungsgründe für die unterschiedliche Behandlung aufgrund des Lebensalters. Nicht nur im Arbeitsrecht, sondern auch in Tarifverträgen existieren durchaus erwünschte Regelungen, die sich auf das Alter beziehen. Eine Ungleichbehandlung aufgrund des Alters ist laut AGG zulässig, wenn sie objektiv und angemessen und durch ein legitimes Ziel gerechtfertigt sind. Der Gesetzgeber hat in § 10 Nr. 1 bis 6 einen Katalog von Beispielen aufgeführt, in denen eine Altersdifferenzierung zulässig ist.

---

[11] Vgl. Schütt/Wolf : Das neue Allgemeine Gleichbehandlungsgesetz, 1. Aufl., Berlin 2006, S. 40
[12] Vgl. Wisskirchen, G: AGG Allgemeines Gleichbehandlungsgesetz, 2. Aufl., Frechen 2006, S.15
[13] Vgl. Juris, Praxis Report: Sonderausgabe zum Allgemeinen Gleichstellungsgesetz, 2006, S. 11

Zum Beispiel sind Höchstaltersgrenzen zulässig, wenn die körperliche Belastung ein wesentlicher Bestandteil des Berufes ist, beispielsweise bei Piloten und Fluglotsen.

### 3.5.4 Positive Maßnahmen

Nach § 5 AGG ist eine unterschiedliche Behandlung auch zulässig, wenn durch geeignete und angemessene Maßnahmen bestehende Nachteile wegen eines in § 1 genannten Grundes verhindert oder ausgeglichen werden soll.

Ein Beispiel hierfür sind die Quotenregelungen im Öffentlichen Dienst. Allerdings dürfen die positiven Maßnahmen keine schematische Bevorzugung enthalten und müssen stets die Qualifikation des Bewerbers berücksichtigen.


## 3.6 Rechtsfolgen bei Verstößen gegen das Benachteiligungsverbot

Wird gegen das Benachteiligungsverbot verstoßen, so sind verschiedene Rechtsfolgen denkbar. Da es hier sehr viele Auslegungsfragen gibt, kann man auf die Rechtsprechung der nächsten Jahre in diesem Bereich gespannt sein.

### 3.6.1 Rechtsunwirksamkeit

Nach § 7 Abs. 2 AGG sind Bestimmungen in Vereinbarungen, die gegen das Benachteiligungsverbot verstoßen unwirksam. Allerdings regelt das AGG nicht die Folge der Unwirksamkeit.

### 3.6.2 Schadensersatz

Wenn eine Benachteiligung vorliegt, ist der Arbeitgeber nach § 15 Abs. 1 AGG dazu verpflichtet den entstandenen Schaden zu ersetzen. Allerdings muss er den Schaden nur ersetzen, wenn der Arbeitsgeber in zu vertreten hat, wobei das Gesetz das Verschulden des Arbeitgebers grundsätzlich annimmt.

Hierbei ist wie folgend zu unterscheiden:

- <u>Materieller Schaden</u>: Zunächst hat der Arbeitgeber bei einem Verstoß gegen das Benachteiligungsverbot den entstandenen materiellen Schaden zu ersetzen
- <u>Immateriellen Schaden</u>: Neben dem Ersatz des materiellen Schadens kann der Benachteiligte, unabhängig vom Verschulden des Arbeitsgebers, eine „angemessene Entschädigung in Geld" verlangen. Bei Nichteinstellung darf laut § 15 Abs. 2 Satz 2 AGG die Entschädigung nicht mehr als 3 Monatsgehälter übersteigen, wenn der Beschäftigte auch bei benachteiligungsfreier Auswahl

nicht eingestellt worden wäre. Diese Grenze gilt somit nicht für hochqualifizierte Bewerber, die bei einer benachteiligungsfreien Auswahl die Stelle hätten erhalten müssen.[14] Derzeit können noch keine verlässlichen Einschätzungen über die Größenordnung solcher Entschädigungszahlungen gemacht werden, auch hier müssen die ersten Rechtsprechungen abgewartet werden.

Laut § 15 Abs. 4 AGG müssen die Ansprüche auf materiellen und immateriellen Schadensersatz innerhalb einer Frist von 2 Monaten schriftlich geltend gemacht werden, es sei denn die Tarifparteien haben etwas anderes geregelt. Die Frist beginnt im Falle einer Bewerbung oder eines beruflichen Aufstiegs mit dem Zugang der Ablehnung und in den sonstigen Fällen zu dem Zeitpunkt, in dem der Benachteiligte von der Benachteiligung Kenntnis erlangt. Für die Klageerhebung gilt dann nach §61b Abs. 1 ArbGG eine weitere Frist von 3 Monaten ab dem Zeitpunkt der schriftlichen Geltendmachung.[15]

### 3.6.3 Haftungserleichterung bei Kollektivvereinbarungen

§ 15 Abs. 3 besagt, dass Arbeitgeber bei kollektivrechtlichen Vereinbarungen, zum Beispiel bei Tarifverträgen, nur dann zur Entschädigung verpflichtet sind, wenn sie vorsätzlich oder grob fahrlässig handeln.

### 3.7 Rechte der Betroffenen

Den Betroffenen stehen laut AGG folgende Rechte zu:

### 3.7.1 Beschwerderecht

Beschäftigte haben das Recht laut § 13 AGG, sich bei der zuständigen Stelle des Betriebs zu beschweren, wenn sie sich wegen eines der Diskriminierungsmerkmale benachteiligt fühlen. Die zuständige Beschwerdestelle hat die Beschwerde zu prüfen und das Ergebnis dem Beschwerdeführer mitzuteilen.

### 3.7.2 Leistungsverweigerungsrecht

Ergreift der Arbeitsgeber keine oder offensichtlich ungeeignete Maßnahmen zur Unterbindung einer Belästigung oder sexuellen Belästigung am Arbeitsplatz, sind die

---

[14] Vgl. Schlachter: Allgemeines Gleichbehandlungsgesetz, in: Erfurter Kommentar zum Arbeitsrecht, Aufl. 7, München 2007, S.255
[15] Vgl. Juris, Praxis Report: Sonderausgabe zum Allgemeinen Gleichstellungsgesetz, 2006, S. 14

betroffenen Beschäftigten laut § 14 AGG berechtigt, ihre Tätigkeit ohne Verlust des
Arbeitsentgelts einzustellen, sowcit dies erforderlich ist.

### 3.8 Beweislast

Die Beweislastregelung in §22 AGG regelt entsprechend der Richtlinie die
Beweislastumkehr. Dies bedeutet, wenn im Streitfall eine Partei Indizien aufzeigt, die
eine Benachteiligung aufgrund eines der Diskriminierungsmerkmale erahnen lässt, muss
die andere Partei beweisen, dass kein Verstoß gegen das Benachteiligungsverbot
begangen worden ist. Diese Regelung knüpft unmittelbar an § 611a BGB an, ist
allerdings nicht identisch.[16]
Zunächst muss der Antragsteller beweisen, dass er ungünstig behandelt worden ist. Er
hat zusätzlich sogenannte Vermutungstatsachen vorzutragen, aus denen sich schließen
lässt, dass sich die Benachteiligung auf ein Diskriminierungsmerkmal des AGG bezieht.
Nur wenn diese beiden Elemente vorliegen, ist die vermutete Benachteiligung gegeben,
worauf nun der Arbeitgeber beweisen muss, dass er nicht diskriminiert hat.[17]

### 3.9 Pflichten des Arbeitgebers

Der Arbeitgeber muss künftig einige Schutz- und Organisationspflichten beachten, die
darauf abzielen, ein benachteiligungsfreies Arbeitsumfeld zu schaffen.

### 3.9.1 Schutzpflicht

Der Arbeitgeber ist zunächst laut § 12 Abs. 1 AGG verpflichtet, alle erforderlichen
Maßnahmen zum Schutz vor Benachteiligungen wegen eines in § 1 genannten Grundes
zu treffen. Dieser Schutz umfasst auch vorbeugende Maßnahmen. Damit werden
Regelungen mit aufgenommen, die zuvor in § 2I und § 4I BeschSchG enthalten waren.
Die Schutzvorschrift bezieht sich nicht ausschließlich auf den Arbeitsplatz, sondern gilt
für alle Bereiche auf die der Arbeitgeber Einfluss nehmen kann.[18]

### 3.9.2 Schulungspflicht

Laut § 12 Abs. 2 Satz 2 AGG erfüllt der Arbeitgeber seine Pflichten aus § 12 Abs. 1
AGG, wenn er seine Beschäftigten in geeigneter Weise zum Zwecke der Verhinderung
von Benachteiligungen schult. Das AGG erläutert allerdings nicht, welche Art und

---

[16] Vgl. Schütt/Wolf : Das neue Allgemeine Gleichbehandlungsgesetz, 1. Aufl., Berlin 2006, S. 85
[17] Vgl. Wisskirchen, G: AGG Allgemeines Gleichbehandlungsgesetz, 2. Aufl., Frechen 2006, S.19
[18] Vgl. Schlachter: Allgemeines Gleichbehandlungsgesetz, in: Erfurter Kommentar zum Arbeitsrecht,
Aufl. 7, München 2007, S.250

welchen Umfang diese Schulungen haben sollen. Die Maßnahmen müssen dem Unternehmen zu zumuten sein und sind abhängig von der Größe, Finanzkraft und Organisation des Betriebes.[19]

### 3.9.3 Sanktionierung von Benachteiligung durch Mitarbeiter

Verstoßen Beschäftigte gegen das Benachteiligungsverbot, so hat der Arbeitgeber laut § 12 Abs. 3 AGG die im Einzelfall geeigneten, erforderlichen und angemessenen Maßnahmen zur Unterbindung der Benachteiligung zu ergreifen. Hier kommen insbesondere Sanktionsinstrumente wie Abmahnung, Umsetzung, Versetzung oder Kündigung in Frage. Welche dieser Maßnahmen im konkreten Fall angemessen sind, ist abhängig von der Schwere des Vorfalls, sowie von dem Umstand, ob die Benachteiligung erstmalig oder wiederholt auftritt.[20]

### 3.9.4 Sanktionierung von Benachteiligung durch betriebsfremde Dritte

Nach § 12 Abs. 4 AGG ist der Arbeitsgeber dazu verpflichtet seine Beschäftigten auch gegen Benachteiligung durch Dritte zu schützen. Unter Dritte werden hier meist Lieferanten und Kunden verstanden. Hier entsteht für den Arbeitgeber eventuell ein Interessenskonflikt, da er einerseits seinen Mitarbeiter schützen muss, andererseits aber die Kundenbeziehung nicht schädigen will. Es ist nicht klar, wie weit die Verpflichtung des Arbeitgebers gegenüber dem Beschäftigten geht, aber man wird vom Arbeitgeber nur ein verhältnismäßiges Verhalten erwarten können.[21]

### 3.9.5 Bekanntmachungspflicht

Der Arbeitgeber ist nach § 12 Abs. 5 AGG verpflichtet, das AGG, die korrespondierende Vorschrift des Arbeitsgerichtsgesetzes (§ 61 b ArbGG) sowie Informationen über die für die Behandlung der Beschwerden zuständigen Stellen im Betrieb bekannt zu machen. Die Bekanntmachung kann durch Aushang oder Auslegung an geeigneter Stelle oder den Einsatz der im Betrieb oder der Dienststelle üblichen Informations- und Kommunikationstechnik erfolgen.

---

[19] Vgl. Juris, Praxis Report: Sonderausgabe zum Allgemeinen Gleichstellungsgesetz, 2006, S. 14
[20] Vgl. Schlachter: Allgemeines Gleichbehandlungsgesetz, in: Erfurter Kommentar zum Arbeitsrecht, Aufl. 7, München 2007, S.251
[21] Vgl. Schütt/Wolf : Das neue Allgemeine Gleichbehandlungsgesetz, 1. Aufl., Berlin 2006, S. 61

### 3.9.6. Neutrale Stellenausschreibung

§ 11 AGG besagt, dass ein Arbeitsplatz nicht unter Verstoß gegen § 7 Abs. 1 AGG ausgeschrieben werden darf. Hieraus ergibt sich unmittelbar die Pflicht des Arbeitgebers, eine neutrale Stellenausschreibung zu formulieren und zu veröffentlichen.

## 4. Handlungsempfehlungen für die Praxis

Durch das AGG ergeben sich wie in 3.9 beschrieben, verschiedene Pflichten für den Arbeitgeber. Im folgenden Kapitel werden verschiedene Handlungsempfehlungen für die Umsetzung des AGG im Geschäftsalltag gegeben, durch die sich der Arbeitgeber vor ungewollten Klagen aufgrund von Diskriminierungen schützen kann.

### 4.1 Schulungen für die Mitarbeiter

Wie bereits in 3.9.2 erklärt sollte jedes Unternehmen seine Mitarbeiter bezüglich des AGG schulen, um damit später eventuell einer Haftungspflicht zu entgehen. Dass AGG schreibt nicht vor in welchem Rahmen diese Schulungen stattfinden sollen, sie müssen nur „in geeigneter Art und Weise" sein.

Zu empfehlen wäre allerdings eine ausführliche und detaillierte Schulung vor allem für alle Personaler und Führungskräfte, da diese am ehesten in Kontakt mit dem Thema Diskriminierung kommen. Wichtig ist auch, dass der Betriebsrat ein Anrecht auf Freistellung für solche Schulungen und ein Mitspracherecht bei der Umsetzung der internen Schulungen hat. Des weiteren ist zu empfehlen, alle Mitarbeiter im Rahmen einer Betriebsversammlung oder einem kurzen E-Learnings über die Grundsätze des AGG aufzuklären und somit auch ganz klar zu kommunizieren, dass Benachteiligung untereinander, sowie Belästigung oder Mobbing nicht geduldet werden.

### 4.2 Bewerbungsverfahren

Das Bewerbungsverfahren ist wohl der Bereich, bei dem mit den meisten Klagen zu rechnen ist und aus diesem Grund sollte jedes Unternehmen hier besonders aufmerksam vorgehen und einige Grundregeln einhalten. Im Bewerbungsverfahren darf der Arbeitsgeber nicht nach den in § 1 AGG genannten Kriterien diskriminieren. Festzuhalten ist allerdings, dass ein Verstoß gegen das Benachteiligungsverbot nicht dazu führt, dass der benachteiligte Bewerber einen Einstellungsanspruch hat.[22]

---

[22] Vgl. Juris, Praxis Report: Sonderausgabe zum Allgemeinen Gleichstellungsgesetz, 2006, S. 15

# Ablauf Bewerberverfahren

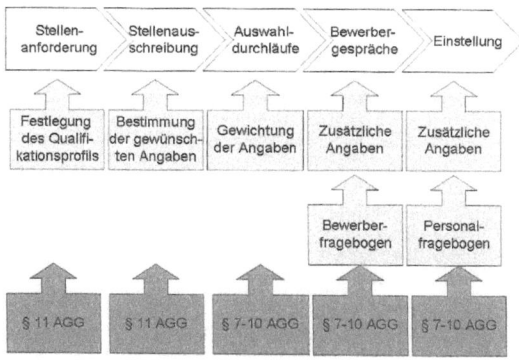

Abb.1: Ablauf Bewerberverfahren
Quelle: Müthlein/Jaspers: AGG- Rechtssichere Personalprozesse und –datenverarbeitung, 1.Aufl., Frechen 2007, S. 25

## 4.2.1 Erstellen des Anforderungsprofils

Da das Anforderungsprofil die Grundlage für die spätere neutrale Stellenausschreibung
(§ 11 AGG) ist, muss bereits hier auf eine diskriminierungsfreie Dokumentation
geachtet werden. Sollte für die Besetzung der Stelle die Berücksichtigung eines der
Diskriminierungsmerkmale entscheidend sein, muss bei der Dokumentation der
zulässige Grund dokumentiert werden. Dies wäre zum Beispiel möglich, wenn ein
bestimmtes Alter aufgrund beruflicher Anforderungen (§ 8 AGG) verlangt wird oder
durch legitimes Ziel gerechtfertigt ist (§ 10 AGG).[23]

## 4.2.2 Neutrale Stellenausschreibung

Wie in 3.9.6 bereits beschrieben ist der Arbeitgeber nach § 11 AGG verpflichtet,
sowohl externe wie interne Stellenausschreibungen neutral zu formulieren. Dies gilt
ebenfalls für Ausschreibungen im Bereich der beruflichen Aus- und Weiterbildung.
Diese Pflicht sollte vor allem im Hinblick auf die in § 22 AGG beschriebene
Beweislastumkehr sehr ernst genommen werden.
Wichtig ist in diesem Zusammenhang, dass sich Stellenausschreibungen nur noch auf
die Tätigkeit selbst beziehen und nur relevante Anforderungen auflisten, die für die

---

[23] Vgl. Müthlein/Jaspers: AGG- Rechtssichere Personalprozesse und –datenverarbeitung, 1.Aufl., Frechen
2007, S. 25

Stelle wirklich erforderlich sind.[24] Sicher ist es zum Beispiel nicht zulässig, wenn man von einer Putzfrau oder einem Fernfahrer erwartet, dass sie perfektes Deutsch in Wort und Schrift beherrschen. Vermieden werden müssen auch doppeldeutige Formulierungen wie zum Beispiel: „junge dynamische Führungskraft", „erfahrener alter Hase", „Muttersprachler" und ähnliche Formulierungen, die auf eine Diskriminierung hinweisen.

Auch sollte in Zukunft in der Stellenausschreibung kein Bewerberfoto mehr verlangt werden, da man aufgrund des Fotos auf Alter, Geschlecht und Herkunft schließen kann und dies eventuell als Indiz für eine Diskriminierung gewertet werden könnte. Schicken Bewerber von sich aus ein Foto mit, so muss dieses nicht zurückgeschickt werden. Gut darauf zu achten ist, dass die Stellenausschreibung durchgehend geschlechtsneutral formuliert ist. Wie im folgenden Beispiel sollte es auf keinen Fall gemacht werden: „Wir suchen ein/e Assistent/in der Geschäftsleitung. Sie sollte [.....]."[25]

Da durch das AGG die Stellenausschreibungen wahrscheinlich deutlich undetaillierter werden dürften, sollte man, um eine Flut an Bewerbungen verhindern, nur noch sehr selektiv ausschreiben und nur noch Medien benutzen, die für die gesuchte Bewerbergruppe geeignet ist.[26]

Bei Stellenausschreibungen, die über Dritte (zum Beispiel über die Arbeitsagentur oder Personalagenturen) veröffentlicht werden, hat der Arbeitgeber die Pflicht diese auf Neutralität zu prüfen, da er auch hier wegen eines Verstoßes gegen das AGG zur Rechenschaft gezogen werden kann.

### 4.2.3 Bewerbungssichtung
Bei der Bewerbervorauswahl muss gut darauf geachtet werden, dass die Ablehnungsgründe dokumentiert werden und sich diese nicht auf eines der Diskriminierungsmerkmale beziehen. Zu empfehlen sind Ablehnungsgründe, die sich aus der Stellenausschreibung ergeben wie zum Beispiel: kein Hochschulabschluss, nicht ausreichende Sprachkenntnisse, zu wenig Berufserfahrung. Aber auch Kriterien wie, fehlerhafte oder unvollständige Bewerbungsunterlagen sind geeignet. Aufgrund der

---

[24] Vgl. Lembke/Oberwinter: Allgemeines Gleichstellungsgesetz Leitfaden Personalauswahl, in: Arbeit und Arbeitsrecht – Personal-Profi, 12/06, S.727
[25] Vgl. Lembke/Oberwinter: Allgemeines Gleichstellungsgesetz Leitfaden Personalauswahl, in: Arbeit und Arbeitsrecht – Personal-Profi, 12/06, S.727
[26] Vgl. Wisskirchen, G: AGG Allgemeines Gleichbehandlungsgesetz, 2. Aufl., Frechen 2006, S.33

Beweislast nach § 22 AGG sollten diese Ablehnungsgründe über längere Zeit archiviert werden (mindestens 6 Monate besser 1 Jahr).

### 4.2.4 Durchführung der Bewerbergespräche

Bei Bewerbergesprächen ist es aufgrund der Beweislast besonders wichtig, das Gespräch genauestens zu dokumentieren und es empfiehlt sich immer mindestens zu zweit das Gespräch durchzuführen. Die Ergebnisse des Auswahlgespräches hält man am besten in einem standardisierten Bewertungsbogen fest, da man so sehr gut die Unterschiede zu anderen Bewerbern aufzeigen kann.

Im Vorstellungsgespräch sollte unter anderem darauf geachtet werden, dass keine Fragen gestellt werden, die auf eine Diskriminierung hinweisen könnten. Fragen zu Religionszugehörigkeit, Krankheiten, Familienplanung und ähnliches waren auch schon vor dem in Kraft treten des AGG unzulässig und müssen von dem Bewerber nicht wahrheitsgemäß beantwortet werden, es sei denn es ist für die Stelle wirklich erforderlich (wenn es sich zum Beispiel um eine Anstellung bei der Kirche handelt).

### 4.2.5 Umgang mit Absagen

Grundsätzlich gilt hier die Regel, die Absage so neutral und inhaltsleer wie möglich zu formulieren und auf keinen Fall einen Grund zur Annahme einer Benachteiligung zu geben. Auch sollte man auf keinen Fall bei telefonischer Rücksprache dem Bewerber Auskünfte über den Absagegrund geben, da dies eventuell Gründe für eine Diskriminierungsklage liefert.

### 4.2.6 Die Einstellung

Auch die Einstellungsentscheidung muss nach dem AGG benachteiligungsfrei sein, demnach sollte man diese Entscheidung immer aufgrund objektiver Kriterien begründen können, auch wenn die Entscheidung auf subjektiven Gründen beruht.
Bei der Einstellung selbst ist zu beachten, dass standardisierte Personalfragebögen diskriminierungsfrei eingesetzt werden. Hier ist es wichtig, dass die Datenerhebung und Nutzung nur zweckgebunden sein darf und die Informationen für die Durchführung des Arbeitsverhältnisses erforderlich sind. Zum Beispiel sind Informationen über den

Familienstand und die Kinderzahl oft für die Gehaltsabrechung erforderlich und dürfen dann abgefragt werden.[27]

## 4.3 Arbeits- und Beschäftigungsbedingungen

Es ist nicht damit zu rechnen, dass es in bestehenden Arbeitsverhältnissen zu einer Flut an Klagen kommen wird, da Arbeitnehmer eher davor zurückschrecken seinen Arbeitgeber zu verklagen. Nichtsdestoweniger sollte der Arbeitgeber folgende Punkte genau nach Diskriminierungsgründen prüfen:[28]

### 4.3.1 Arbeitsverträge

Grundsätzlich sollte jeder Arbeitgeber alle Arbeitsverträge und vertraglichen Vereinbarungen nach Ansatzpunkten für eine Diskriminierung prüfen.

Hier muss vor allem der Bereich der Vergütung und Sonderzahlungen genauer unter die Lupe genommen werden. Zukünftig wird es wohl nicht mehr zulässig sein, dass bestimmte Vergütungsleistungen nur an Verheiratete ausbezahlt werden, da dadurch zum Beispiel Homosexuelle mittelbar diskriminiert werden.

Die Entgeltgleichheit wurde bereits für das Merkmal Geschlecht in § 612 Abs. BGB festgeschrieben und wird nun durch § 8 Abs. 2 AGG auf alle Diskriminierungsmerkmale des AGG erweitert.[29] Es sollte daher darauf geachtet werden, dass die Beschäftigten eines Unternehmens, welche die gleiche Arbeit verrichten auch ein ähnliches Gehalt bekommen, um späteren Klagen entgegenzuwirken.

### 4.3.2 Kollektivrechtliche Vereinbarungen

Kollektivrechtliche Vereinbarungen wie zum Beispiel Tarifverträge, Betriebsvereinbarungen, Betriebsordnung und ähnliches, müssen darauf geprüft werden, ob sie diskriminierungsfrei sind. In diesem Bereich hat der Arbeitgeber allerdings nur Vorsatz und grobe Fahrlässigkeit nach § 15 Abs. 3 AGG zu vertreten.

---

[27] Vgl. Müthlein/Jaspers: AGG- Rechtssichere Personalprozesse und –datenverarbeitung, 1.Aufl., Frechen 2007, S. 32-33
[28] Vgl. Wisskirchen, G: AGG Allgemeines Gleichbehandlungsgesetz, 2. Aufl., Frechen 2006, S.39
[29] Vgl. Wisskirchen, G: AGG Allgemeines Gleichbehandlungsgesetz, 2. Aufl., Frechen 2006, S.39

### 4.3.3 Beruflicher Aufstieg

Geht es um den beruflichen Aufstieg, so muss der Arbeitgeber darauf achten, dass ausschließlich Punkte wie berufliche Fähigkeiten, Qualifikation, Kompetenz und andere relevanten objektiven Kriterien zu einer Beförderung führen. Ein nicht berücksichtigter Kandidat für eine Beförderung darf nicht aufgrund eines Diskriminierungsmerkmals benachteiligt werden. [30]

### 4.4 Schaffung einer Beschwerdestelle

Grundsätzlich hat der Arbeitgeber nach § 12 Abs. 5 AGG eine Stelle festzulegen, die für die Behandlung von Beschwerden von Beschäftigten zuständig ist und er muss diese Stelle im Unternehmen bekannt machen. Der Arbeitgeber ist jedoch nicht dazu verpflichtet eine eigene neue Beschwerdestelle einzurichten, er kann zum Beispiel auch die Personalabteilung oder eine bestimmte Person der Personalabteilung dazu benennen.

## 5. Fazit

Klar ist, dass das AGG die Arbeitgeber dazu zwingen will, sich mit dem Thema Diskriminierung näher und genauer zu beschäftigen. Fraglich ist jedoch, wie viel Neues in diesem Gesetz steckt, was letztendlich umsetzbar ist und wie hoch der Nutzen dieses Gesetzes sein wird. Da der Arbeitgeber seine unternehmerische Freiheit behält, wird er auch in Zukunft nicht daran zu hindern sein, einen Mann einzustellen, wenn er einen Mann für die ausgeschriebene Stelle möchte. Man kann erwarten, dass das AGG zu größerer Scheinheiligkeit führt, aber wohl nicht zum Abbau von Ungleichbehandlungen - schwieriger wird nur die Verschleierung der wahren Ablehnungsgründe.

Laut Experten ist auch nicht mit einer riesigen Klageflut zu rechnen, da man aus bisherigen Erfahrungen mit Schadensersatzprozessen wegen Geschlechtsdiskriminierung nach § 611 a BGB ableiten kann, dass diese ausbleiben wird. Seit Inkrafttreten des § 611 a BGB am 21.08.1980 wurden lediglich 112 Prozesse in der Datenbank „Juris" veröffentlicht, während im gleichen Zeitraum 50.000 Arbeitsrechtsfälle veröffentlicht wurden.[31] Womit viele Unternehmen allerdings rechnen sind sogenannte „AGG-Hopper", die sich speziell auf bestimmte Ausschreibungen bewerben, die Anlass für eine vermutete Diskriminierung geben, um

---

[30] Juris, Praxis Report: Sonderausgabe zum Allgemeinen Gleichstellungsgesetz, 2006, S. 17
[31] Vgl. http://www.boeckler.de/cps/rde/xchg/SID-3D0AB75D-38524695/hbs/hs.xsl/32014_32083.html#link, 08.03.2007

später gegen das Unternehmen zu klagen. Die Anwaltssozietät Gleiss Lutz hat ein "bundesweites AGG-Archiv" eröffnet. Dort sollen alle Leute registriert werden, die mehr als einmal bei Arbeitgebern Entschädigungsansprüche nach dem Allgemeinen Gleichbehandlungsgesetz angemeldet haben. Die Anwälte wollen festhalten, wer wegen was geklagt hat und auf diese Weise den alten und neuen Gegnern des Anspruchsstellers die Kontaktaufnahme ermöglichen. Dadurch soll "AGG-Hopping" erschwert werden.

Auch ist zu erwarten, dass dem Arbeitgeber aufgrund der Vorsorgemaßnahmen ein erhöhter finanzieller Aufwand entsteht. Hier stehen nicht nur Schulungen zu Buche, sondern auch Kosten für einen erhöhten administrativen Aufwand, sowie für die gestiegene Dokumentations- und Aufbewahrungsfrist.

Die Studie „ Auswirkungen des Allgemeinen Gleichbehandlungsgesetzes auf computergestützte Personalsysteme" der datakontext-tagungen GmbH hat gezeigt, dass sich 84 % der 275 befragten Unternehmen bereits mit dem Thema AGG beschäftigt haben. Bei den Unternehmen mit 5.000 - 10.000 Mitarbeitern waren es 94,1% und bei Unternehmen mit mehr als 10.000 Mitarbeitern sogar 100%. Unter anderem ergab die Umfrage, dass bereits 74 % der befragten Unternehmen ihre Führungskräfte in Hinblick auf das AGG geschult haben. In 77% haben die Firmen ihre Mitarbeiter bereits über das AGG informiert.[32] Diese Zahlen belegen, dass das AGG bereits bei den meisten Firmen angekommen ist und zumindest in gewisser Weise umgesetzt wird, obwohl sehr viele Arbeitgeber und auch Gewerkschaften mit der bisher zum Teil sehr ungenauen Formulierung unzufrieden sind. Hier ist zu erwarten, dass das Gesetz einige Nachbesserungen erhält und auch die ersten Entscheidungen der Instanzgerichte werden mit Spannung erwartet. [33] Grundsätzlich ist das „junge" Gesetz noch nicht alt genug, um über die Erfolge, Auswirkungen und Rechtsprechung genau zu urteilen, aber sicher wird dies im Laufe der nächsten Jahre möglich werden.

---

[32] Vgl. o.V: AGG- Fallen in der HR-Software, in: HR Services 01/2007, S. 38 - 39
[33] Vgl. o.V: Was bringt das Jahr 2007 im Arbeitsrecht?, in: HR Services 01/2007, S. 26

# Literatur- und Quellenverzeichnis

Bauer/Göpfert/Krieger: Allgemeines Gleichbehandlungsgesetz, 1. Aufl., München 2007

Gesetzestext des Allgemeinen Gleichbehandlungsgesetz (AGG)

Juris, Praxis Report: Sonderausgabe zum Allgemeinen Gleichstellungsgesetz, 2006

Lembke/Oberwinter: Allgemeines Gleichstellungsgesetz Leitfaden Personalauswahl, in: Arbeit und Arbeitsrecht – Personal-Profi, 12/06

Müthlein/Jaspers: AGG- Rechtssichere Personalprozesse und –datenverarbeitung, 1.Aufl., Frechen 2007

o.V: AGG- Fallen in der HR-Software, in: HR Services 01/2007

o.V: Was bringt das Jahr 2007 im Arbeitsrecht?, in: HR Services 01/2007

Richtlinie 2000/43/EG des Rates vom 29. Juni 2000 zur Anwendung des Gleichbehandlungsgrundsatzes ohne Unterschied der Rasse oder ethnischen Herkunft

Richtlinie 2000/78/EG des Rates vom 27. November 2000 zur Festlegung eines allgemeinen Rahmens für die Verwirklichung der Gleichbehandlung in Beschäftigung und Beruf

Richtlinie 2002/73/EG des Europäischen Parlaments und des Rates vom 23. September 2002 zur Änderung der Richtlinie 76/207/EWG des Rates zur Verwirklichung des Grundsatzes der Gleichbehandlung von Männern und Frauen hinsichtlich des Zugangs zur Beschäftigung, zur Berufsbildung und zum beruflichen Aufstieg sowie in Bezug auf die Arbeitsbedingungen

Richtlinie 2004/113/EG des Rates vom 13. Dezember 2004 zur Verwirklichung des Grundsatzes der Gleichbehandlung von Männern und Frauen beim Zugang zu und bei der Versorgung mit Gütern und Dienstleistungen

Schlachter: Allgemeines Gleichbehandlungsgesetz, in: Erfurter Kommentar zum Arbeitsrecht, Aufl. 7, München 2007

Schütt/Wolf : Das neue Allgemeine Gleichbehandlungsgesetz, 1. Aufl., Berlin 2006

Wisskirchen, G: AGG Allgemeines Gleichbehandlungsgesetz, 2. Aufl., Frechen 2006

# Abbildungsverzeichnis